D1673209

Weil eine Welt mit Geschichten
eine bessere Welt ist.

Hannes Steiner (Hrsg.)

# Erzähl mir vom Alsergrund

## Life is a story

schreib's auf
story.one

1. Auflage 2020
Herausgeber: © Hannes Steiner

Herstellung, Gestaltung und Konzeption:
Verlag story.one publishing – www.story.one
Eine Marke der Storylution GmbH

Alle Rechte vorbehalten, insbesondere das des öffentlichen Vortrags,
der Übertragung durch Rundfunk und Fernsehen sowie Übersetzung,
auch einzelner Teile. Kein Teil des Werkes darf in irgendeiner Form
(durch Fotografie, Mikrofilm oder andere Verfahren) ohne schriftliche
Genehmigung des Copyright-Inhabers reproduziert oder unter Verwendung
elektronischer Systeme verarbeitet, vervielfältigt oder verbreitet werden.
Sämtliche Angaben in diesem Werk erfolgen trotz sorgfältiger
Bearbeitung ohne Gewähr. Eine Haftung der Autoren bzw.
Herausgeber und des Verlages ist ausgeschlossen.

Gesetzt aus Minion Pro und Lato.
© Fotos: iStock by Getty Images, Stefan Joham, Stefan Diesner, Christian Jobst,
Peter Hautzinger, Arman Rastegar, Pixabay, Ludwig Schedl, Mirjam Reither,
Hubert Dimko, Katharina Schiffl

Printed in the European Union.

ISBN: 978-3-99087-309-0

„Die Straßen Wiens sind mit Kultur gepflastert.
Die Straßen anderer Städte mit Asphalt."
*Karl Kraus*
In Anlehnung an dieses Zitat
kann man auch sagen:
„Die Gassen der Wiener Bezirke sind
gepflastert mit Geschichten."

# INHALT

# Irrfahrt zur Alser Straße ...

**RENAvonRAVENSTEIN**

Meine leider bereits verstorbene Großmutter Anna war in jungen Jahren mit ihrem frisch angetrauten ersten Ehemann Wilhelm nach Wien gekommen.

Das junge deutsche Mädel, das der Liebe wegen ihre geliebte Heimat Friedberg in Hessen verlassen hatte. Übrigens war dies der Ort, an den später der große Elvis Presley (der damals noch ein Jungstar war) als G. I. zum Militärdienst einberufen wurde!

Hier angekommen, musste meine Großmama erst einmal lernen sich in der fremden Großstadt Wien zurechtzufinden. Den Wiener Dialekt konnte sie natürlich anfangs auch nicht immer richtig verstehen und so kam es zu einer ziemlich „besonderen" Begebenheit, als ihr geliebter Willi, der ja ein gebürtiger Steirer war, sie eines Tages beauftragte in die Alser Straße zu fahren, um etwas zu erledigen. Ich glaube, soweit ich mich erinnere, waren es irgendwelche amtlichen Dinge, die dort zu erledigen gewesen waren. So weit, so gut. Dass Willi eine Mischung aus steirischem und Wiener Dialekt sprach, sei nur einmal so ganz am Rande erwähnt ...

Meine Oma stieg also etwas unsicher in die damalige Stadtbahn ein und hielt aufmerksam an allen Stationen Ausschau nach der vermeintlichen „Äußer Straße", denn genau dies hatte sie laut Willis Worten verstanden.

So fuhr sie die erste Runde, die zweite Runde und verzweifelte schon etwas, weil diese komische „Äußer Straße" einfach nicht aufzutauchen schien!? Sie stand vor einem großen Rätsel! Sollte sie am Ende gar den falschen Zug erwischt haben?

Handys gab es ja zu damaligen Zeiten noch keine, also konnte sie ihren Willi nicht einfach mal schnell anrufen, um nachzufragen. Irgendwann fasste sie endlich den Mut und fragte nach gefahrener Runde X bei einem der Fahrgäste nach. Ein Stein fiel wahrlich von ihrem Herzen und ein lachendes Aufatmen folgte, als sich alsbald herausstellte, dass die „Äußer Straße" eigentlich „Alser Straße" heißt! So konnte sie frohen Mutes letztendlich dann doch noch bei

der richtigen Station aussteigen, um ihre büro-
kratischen Wege zu erledigen.

Sooft sie mir diese Geschichte erzählte, fand
ich sie jedes Mal aufs Neue irgendwie faszinie-
rend und total herzig zugleich. Ich glaube, mit
dem Wiener Dialekt hatten bzw. haben wir beide nicht sehr viel am Hut, denn auch ich konnte
ihn nie richtig sprechen. Meine Mutter, die sehr
wohl Wiener Dialekt spricht, scherzt immer,
dass sie mit mir ja immer feinstes Hochdeutsch
sprach und sang, als ich ein Baby war, und sie
lacht sich krumm, wenn ich versuche ein paar
typisch wienerische Worte zu plappern.

Ja, ja, Wien und Berlin – die beiden großen
Städte mit ihren prägnanten Dialekten. Sooft
ich beide in Verbindung höre, huscht ein liebe-
volles Lächeln über meine Lippen, denn meine Oma und ihr Willi standen einst ja vor der
größten und weitreichendsten Lebensentschei-
dung – entweder nach Wien oder Berlin ... Sie
haben sich wohl richtig entschieden ...

# Some like it hot

## MadamePipi

Es sollte ein ganz besonderer Abend werden und sie wusste noch nicht genau, worauf sie sich da so einließ. Mit ihren Uni-Freundinnen war ein Besuch bei der Ladies' Night im Q[kju:] geplant. „Das schicke Lokal in den Wiener Stadtbahnbögen ist bekannt für tolle Stimmung. Diverse Special-Events mit Happy-Hour- oder All-you-can-Drink-Angeboten machen die Q[kju:]-Bar zur beliebten Party-Location", verrät die Homepage. Und so war es dann auch. Bei der Ladies' Night bekamen alle Girls gratis Cocktails zu trinken, so viel sie wollten. Perfekt also für arme Studentinnen, die wiederum Jungs anzogen, die brav für ihre Drinks bezahlten.

Sie war wie üblich zu spät und hatte nicht einmal Zeit gefunden, sich partytauglich zu kleiden. So rauschte sie in ihrem Kaschmir-Rollkragenpulli in das Lokal und als sie dort ankam, war die Stimmung bereits am Kochen. Die ersten Stripper bemühten sich um die ekstatischen Mädels. Sie ließen ihre Muskeln spielen, sich mit Wachs beträufeln und Obers von ihren stählernen Oberkörpern lecken. Sie beobachtete das Treiben und sie – nein ihr! – wurde immer heißer. Dieser unnötige Rollkragenpulli! Am liebsten hätte sie ihn sich vom Leib gerissen.

Und dann kam er.

Groß, muskulös und braun gebrannt. Seinen Kopf zierte ein Polizeikäppchen und seine Augen wurden geheimnisvoll von einer dunklen Sonnenbrille verdeckt. In seinem Polizistenkostüm sah er auch wirklich zum Anbeißen aus.

Sie wollte, dass es heute Nacht passierte. Das sollte die heißeste Nacht ihrer Nächte werden!

Sie wollte. Ihn. Ausziehen, diesen blöden Rollkragenpulli. Und er wollte sie!

Der Stripper kam plötzlich auf sie zu und ehe sie noch davonlaufen konnte, riss er sie an sich. Er drehte sie mit dem Rücken zu sich und legte ihr Handschellen an. Sie war ihm somit schonungslos ausgeliefert. Er steckte ihr seinen Polizeiknüppel zwischen die Beine und bugsierte sie nach vorne zur Bar. Ihr wurde noch heißer, als er sich an sie presste und ihre beiden Hüften gemeinsam kreisen ließ.

Hot, hot, hot! Die Menge kreischte. Und sie fiel beinahe vor lauter Peinlichkeit in Ohnmacht.

Er spürte ihren Schwächeanfall und trug sie auf Händen zum Barhocker. Dort setzte er sie behutsam ab und räkelte sich lasziv vor ihr. Sie war wie betäubt von der Hitze und seinem Körper und konnte ihre Augen nicht mehr von ihm lassen. Wohl auch, weil sie nicht in die feixenden Gesichter ihrer Freundinnen blicken wollte, die sich auf ihre Kosten königlich amüsierten. Die Handschellen schnitten in ihr Fleisch und dann ließ er noch die letzte Hülle fallen. Dieser Mann stand, so wie Gott ihn schuf, nun nackt vor ihr. Sie war hin und weg und vergaß für einen Moment ihren Rollkragenpullover.

Heute ist meine Freundin Elli längst aus dem „Free Drinks & Stripper-Partys"-Alter heraus. Sie ist erfolgreich im Job, verheiratet, hat einen entzückenden Sohn und liebevollen Ehemann, der kein Polizist ist. Aber Rollkragenpullis trägt sie immer noch.

# Wie importiert man ein Motorrad?

feuervogl

Mein Motorrad, die „Lady", brachte mich nach der Landung in Madrid gut über die Pyrenäen nach Frankreich. Ich wollte, da in den USA deren Weine unerschwinglich, aber französische günstig waren, nunmehr in Frankreich den Guten vor Ort kosten. Bei irgendeinem Campingplatz gab's eine kleine Bar und ich bestellte den „besten" Wein, den man mir bringen könnte. Der Mann an der Bar sah meine Nummer auf dem Motorrad, hörte mich halb englisch, halb französisch reden, er wusste also nicht, wo ich ursprünglich beheimatet war, und brachte mir als besten Wein eine Welschriesling Auslese aus dem Burgenland! Ich fiel fast vom Hocker, auch mein Versuch, französischen Wein zu bekommen, schlug fehl. Das war ein richtiger Reinfall, den ich aber ob seiner Obskurität sicher nicht vergessen werde. Schnell fuhr ich nach Hause, wo nachfolgendes Ungemach auf mich wartete.

Am Walserberg bekam ich den ersten Vorge-schmack mit einer Aufforderung, mich binnen 7 Tagen bei der Zollbehörde zu melden, was ich dann auch tat. Vorher machte mir die Ver-sicherung keine Probleme, denn ich konnte mit dem Nummernschild aus Arizona auch in Ös-terreich fahren, bis die Zollformalitäten erledigt wären. Ja, die Zollformalitäten – damit hatte ich nicht gerechnet, mit Problemen bei der Ty-pisierung schon, aber Zoll? Nun, das war dann der große Gesetzes-Haken. Denn die Behörden sagten mir, das Motorrad wurde aus den USA „importiert", was 100% des Zeitwerts eines ver-gleichbaren Motorrads hierorts an Zoll bedeu-tet. Also, rechneten sie mir vor, das wären im Falle meiner Lady ca. 40.000 Schilling. Damit nicht genug, hat es damals die Bestimmung ge-geben, dass Waren, die in Japan hergestellt wur-den, ebenfalls mit 100% des Zeitwerts zu ver-zollen sind. Da legst di' nieder, 80.000 Schilling Zoll (ca. 5.800 Euro), damit hätte ich in Wien eine nagelneue Harley bekommen! Außerdem hatte ich das Geld nicht, und so sagte mir ei-ner der Beamten ganz trocken, „dann müssen S' des halt verschrotten lassen, das kostet nur 1.000 Schilling". War mir kein Trost, denn die Kosten für die Typisierung hatte ich auch schon bezahlt. Nun war guter Rat teuer, ich wollte sie auf keinen Fall verschrotten lassen, zu sehr hatte ich mich schon an sie und ihr Fahrverhalten gewöhnt.

Na ja, in meiner Not kam mir ein anderer Wiener Zollbeamter zu Hilfe. Er klärte mich auf, dass, wenn ich glaubhaft machen könnte, zumindest ein Jahr in den USA gelebt zu haben und nicht nur auf Urlaub dort gewesen zu sein, dann könnte das Motorrad ein Übersiedlungsgut sein, das nicht verzollt werden müsste. Das war dann die Rettung. Ich hatte ja mehrere Monate in Arcosanti gearbeitet und die dortige Managerin Rebecca mit dem schönen roten Zopf, den ich ihr täglich flocht, half mir mit einem entsprechenden Brief, der nur unwesentlich geschönt war, nämlich, dass ich 8 statt der tatsächlichen 6 Monate dort gearbeitet und gelebt hätte.

Und so kam es, dass meine Lady nicht verschrottet wurde und noch viele tausend Meilen mit mir in Österreich unterwegs war.

# „Mama, ist da ein Baby in deinem Bauch?"

**Maresa May**

Mein vierjähriger Neffe hat in der Straßenbahn eine schwangere Frau gesehen und war ganz fasziniert von ihrem Bauch.

„Mama, was ist mit der Frau, wieso hat die so einen großen runden Bauch?", will er von meiner Schwester wissen.

„Die Frau ist schwanger", erklärt sie geduldig.

„Was heißt schwanger, Mama?"

„Das heißt, sie hat ein Baby im Bauch."

Mit dieser Antwort gibt er sich zufrieden und verarbeitet für sich diese neue, spannende Information. Man kann also ein Baby im Bauch haben.

Irgendwann wird er fragen, ob man das Baby vorher essen muss oder wie es da hineinkommt, aber für den Moment ist die Neugier befriedigt.

Ein runder Bauch bei einer Frau bedeutet also, dass da ein Baby drin ist.

Ein paar Wochen später sieht er eine etwas übergewichtige Frau, deren paar Kilos zu viel sich vor allem in der Bauchgegend bemerkbar machen.

„Mama, hat die Frau auch ein Baby im Bauch?", fragt er neugierig und deutet mit seinen Kleinkinderfingern auf besagte Dame. Meine Schwester überlegt kurz fieberhaft, wie sie ihrem Vierjährigen mit genügend Respekt vermitteln kann, dass die Frau dick ist, ohne das doch etwas herabwürdigende Wort „dick" in den Mund zu nehmen.

„Nein, die Frau hat kein Baby im Bauch. Die hat nur zu viel gegessen", mogelt sie sich also irgendwie durch die Situation und der Kleine nickt und merkt sich das Gelernte.

Das Spielchen zieht sich ein paar Monate hin. Jedes Mal, wenn er eine Frau mit einem runden Bauch sieht, fragt er je nach Lust und Laune: „Mama, hat die ein Baby im Bauch?" oder „Mama, hat die zu viel gegessen?"

Bald schon merkt er, dass sich die Leute nicht unbedingt freuen, wenn man sie fragt, ob sie zu viel gegessen haben. Vor allem nach den Weihnachtsfeiertagen, wo jeder von uns ein paar Kilos mehr auf den Rippen hat und sich das typische Feiertagsbäuchlein unter den T-Shirts abzeichnet.

„Mama, hast du zu viel gegessen?" ist in dem Fall nicht so witzig, wenn die Antwort einfach nur ein schlichtes „Ja" ist.

„Mama, ist da ein Baby in deinem Bauch?" ist jedoch umso witziger, wenn ein bisschen genervt ein „Nein, ich hab nur zu viel gegessen, ich weiß!" folgt. Mama ein bisschen ärgern macht schließlich immer Spaß.

Ein Jahr später, meine Schwester hat sichtlich zugenommen, will unser Sonnenschein seine Mutter wieder einmal auf den Arm nehmen.

„Mama, ist da ein Baby in deinem Bauch?", fragt er lachend. Doch diesmal lacht seine Mutter mit.

„Ja. Jetzt ist da wirklich ein Baby in meinem Bauch."

# Der erste (Beinahe-)Kuss

## Marcela

Aufgeregt stand ich vor dem Spiegel und betrachtete mich. Nach ein paar Umdrehungen grinste ich zufrieden. So, jetzt konnte mein drittes Date mit Alex losgehen! Vorige Woche während unseres zweiten Dates war ich mir so sicher gewesen, dass er mich zum Abschied küssen würde, mehr als eine Umarmung war es jedoch nicht geworden. Heute war also der Abend der Abende: der erste Kuss mit dem Mann, in den ich mich hoffnungslos verknallt hatte.

Nur ein einziges Problem nagte bereits seit unserem ersten Date an mir: Er kam aus derselben Ortschaft wie mein Exfreund und hieß gleich wie einer seiner besten Freunde. Als wir 2015 zusammen waren, waren wir oft auf Doppeldates. Da das allerdings schon so lang her war, war ich mir einfach nicht sicher, ob er es sein könnte oder nicht. Er sah zwar ganz anders aus, aber einige andere Fakten sprachen dafür. Aus Unsicherheit hatte ich mich bisher nicht getraut das Thema anzusprechen.

Das dritte Date würde also bei ihm stattfinden. Während des vorigen Dates hatten wir nämlich über unsere Lieblingsfilme geredet und Alex war zutiefst geschockt gewesen, dass ich noch nie „Inception" gesehen hatte. „Das müssen wir definitiv ändern", sagte er und lud mich kurzerhand zu sich ein.

Die Zeit verging wie im Flug und schon war der Film vorbei. Wir hatten viel Spaß. Allerdings kristallisierte sich bald darauf die Wahrheit heraus. Durch eine Erzählung, was er im Sommer 2015 erlebt hatte, war ich mir nun sehr sicher, dass er der beste Freund meines Ex-Freundes war. Oh Gott, was sollte ich nur tun? Noch immer traute ich mich nicht, etwas zu sagen.

Einige Zeit später spürte ich, dass der erste Kuss bevorstand. Leider paarte sich meine Vorfreude immer mehr mit Angst. Er hatte mich ganz offensichtlich nicht erkannt. Was, wenn er sauer wäre, sobald es herauskäme? Oder noch schlimmer: Was, wenn ich schuld am Zerbrechen einer Freundschaft sein würde?

Als er sich schließlich vorlehnte, um mich zu küssen, ließ ich den Kuss nur ganz kurz zu, danach zuckte ich zurück. Er sah mich verletzt an.

„Wir müssen reden", sagte ich. „Ich habe heute herausgefunden, dass wir uns eigentlich schon länger kennen. Ich war mit deinem Freund Max zusammen, wir haben öfter was unternommen. Wir haben uns nur nicht gleich erkannt."

Ängstlich schaute ich ihn an. Was würde nun passieren? „Es tut mir so leid", fügte ich hinzu. „Oh, Gott sei Dank!", antwortete Alex. Nun war ich diejenige, die verwirrt war. „Ich weiß bereits seit dem ersten Date, dass du Maxs Exfreundin bist. Nur, du warst mir von Anfang an so sympathisch, da wollte ich das, was wir haben, auf keinen Fall ruinieren."

„Das heißt, es stört dich nicht?", fragte ich vorsichtig. „Max und ich haben uns total auseinandergelebt. Wir sehen uns noch, wenn wir mit unserer Freundschaftsgruppe was machen, aber das war's. Ich hatte nur so wahnsinnige Angst, dass es dich stören könnte." Erleichtert begannen wir beide zu lachen. Danach kam unser erster (richtiger) Kuss. Wir sind bis heute sehr glücklich miteinander.

# 1090 – the beginning

## Almedina

1992. Das Jahr, in dem ich nach Wien kam, und meine erste Wohnadresse war am Alsergrund.

Ich war fast 9 Jahre alt, ich habe kein einziges Wort Deutsch gesprochen. Alles war so unbekannt, riesig und interessant zugleich.

Wir kamen als Flüchtlinge nach Wien. Gleich nach unserer Ankunft wurden wir in der Pfarre Lichtental untergebracht. Die Menschen, denen wir begegnet sind, waren unglaublich freundlich und mitfühlend. Ich erinnere mich an den Hof der Pfarre. Es war Sommer, als wir ankamen, und dieser Hof war immer so angenehm kühl. Er war rundherum von den Pfarrhäusern umgeben, sodass man nur auf den Himmel hinauf ins Freie blicken konnte. Die Fassade war komplett von sattgrünem Efeu bedeckt, und das Gesamtbild war entspannend und wunderschön. Nach kurzer Zeit sind wir, wenn auch nur 300 m weiter, in eine Wohnung gezogen. Die Verbindung zu der Pfarre blieb allerdings, nicht nur deshalb, weil meine Verwandten weiterhin dort noch länger geblieben sind. Was habe ich mich auf den Nikolo gefreut, und ich muss an der Stelle anmerken, ich bin nicht katholisch. Aus dem Grund war das für mich neu und wahnsinnig interessant. Seit dieser Zeit mag ich Weihnachten so gern. Weil es mich an diese Zeit erinnert.

Meine erste Schule in Wien war in der Galileigasse. Jeden Morgen ging ich nach dem Abstecher bei meinem Greißler über die Lichtentaler Gasse zur Schule. Nachmittags verbrachte ich oft mit meiner Schwester und meinen Cousins Stunden im Lichtentalerpark. Jährlich konnten wir es kaum erwarten, dass der Kirtag im Park stattfand. Dutzende Male Autodrom fahren, Zuckerwatte essen, und einfach Kind sein. Abseits von der Vergangenheit, und der ungewissen Zukunft.

Ich weiß nicht, ob es daran lag, dass ich noch ein Kind war, aber irgendwie war Wien früher anders. Der Alsergrund im Speziellen. Man hatte mehr persönlichen Bezug zu den Menschen aus der Umgebung. Egal, ob mit den anderen Mietern im Haus, der Dame aus dem Supermarkt oder Menschen auf der Straße. Es war mehr Offenheit, Freundlichkeit und Toleranz gegeben.

Die zahlreichen Wochenenden mit meinen Eltern und meiner Schwester am Donaukanal sind schöne Erinnerungen. Auch heute noch gehe ich da selbst, und nun mit meinen eigenen Kindern, sehr gern vorbei. Wie viele dutzend Male bin ich über die Friedensbrücke gegangen. Ich erinnere mich an den alten Süßwarenladen auf der Alserbachstraße, der auch sonntags geöffnet hatte. Jedes Mal, wenn wir sonntags vorbeigingen, habe ich Süßigkeiten bekommen.

Früher gab es einen Gerngross auf dem Julius-Tandler-Platz. Der hatte eine Spielzeugabteilung, die war rießig. Ich erinnere mich an das Paar rosafarbener Rollschuhe, die ich mir aussuchen durfte. Ich war so glücklich darüber.

Dieser Bezirk ist für mich mit so vielen Erinnerungen verbunden. Ich werde sofort nostalgisch, wenn ich diesen Bezirk betrete. In dem Moment fühle ich mich wie damals. Dann ist es so, als würde ein Teil von mir immer noch am Alsergrund liegen.

# Nudisten-Nachbarn

## St. Adler

Wohin das Auge reicht Nackte, genau genommen nackte und halb nackte Männer! Und ich befinde mich weder in der Lobau oder auf der Wiener Donauinsel noch in einem Kärntner FKK-Camp, weit gefehlt, ich sitze in meinem Schlafzimmer auf meinem Bett … und schaue …

Vis-à-vis tummeln sich mehr oder minder ansehnliche, jüngere und ältere Zeitgenossen und frönen der Freikörperkultur. Und das hat überhaupt nichts mit den von Tag zu Tag ansteigenden Temperaturen draußen zu tun. Seit knapp 20 Jahren wohne ich im 9., in diesem klassischen Altbau mit Blick auf den Donaukanal, mit drei Zimmern, die in einen großen, begrünten Innenhof gehen. Und da sind sie – meine Nudisten-Nachbarn!

Gleich vorweg – ich bin keine Voyeurin! Zugegeben auch keine Kostverächterin – welche Frau schaut nicht gerne zweimal hin, wenn sich ein gut gebauter Mann, ein gestählter Körper, Marke klassischer Achill, spontan und unvermittelt anbietet, von Kopf bis Fuß – dazu noch heimlich – begutachtet zu werden?! Ladys, wir verstehen uns …

Meine männlichen Hausgenossen hingegen, insgesamt fünf Kerle in fünf verschiedenen Wohnungen, eher Marke „Oliver Pocher-Waschbärbauch", präsentieren sich selbstbewusst und unverhohlen unbekleidet der Mitwelt. So, als ob Vorhänge und Rollos noch nicht erfunden worden wären, gehen sie ihren Alltagsbeschäftigungen von früh bis spät ohne Oberbekleidung nach. Und jeder, ob er oder sie es will, ob Sommer oder Winter, wird Komplize dieser Selbstdarstellung …

Am spannendsten ist immer die Zeit vor dem Zubettgehen, wenn es draußen schon dunkel ist. Da ist Nachbar Nr. 1, Wohnung 3. Stock, Typ Hipster mit Man Bun. Musiker bzw. Klavierspieler, nicht nur optisch eine Augenweide, sondern auch seine Eigenkompositionen 1a. Daumen hoch! In der Wohnung daneben, ebenfalls ein attraktiver Mann, der sich leider nicht scheut, auch im Badezimmer Hand anzulegen. Ich kenne ihn auch beim Zähneputzen, beim Haarewaschen und auf dem Klo sitzend. Zwischen uns beiden – 15 Meter Luftlinie und sonst nichts … Daumen mittig!

In der Wohnung schräg darunter, 1. Stock, Nr. 3, wohnt ein ausgesprochenes Schnuckelchen mit Waschbrettbauch. Meistens ist er am Wochenende zu sehen, wenn er – splitterfasernackt und bei Festbeleuchtung – kocht!! Ich hoffe, er verbrennt sich nicht … und seine (weiblichen) Gäste würdigen den Einsatz … Ebenfalls Daumen hoch!

Nachbar Nr. 4 kenne ich seit Jahrzehnten, Wohnung 1. Stock. Scheint Autor oder Lektor zu sein, da seine Zimmer mit Büchern vollgestopft sind. In diesen 20 Jahren hatte er nur ein einziges Mal Damen-Besuch – seither kommt freitags immer ein Junge vorbei. Daumen mittig! Seit Kurzem habe ich nun eine neue, nicht sonderlich gelungene „Krone der Schöpfung" unter meinen Nachbarn. Er trägt immer die gleiche, hoffentlich nicht -selbe, schwarze Unterhose und steht stundenlang in seiner ganzen Pracht am offenen Fenster und starrt hinaus – zu mir! Einfach zum Wegsehen … Daumen runter!

Lust auf einen Besuch bei mir?!

# Ein Auszug aus dem Leben eines Gürteltiers

## Geographin

Der Mond strahlt beim riesigen Altbaufenster herein, die Müllverbrennungsanlage Spittelau funkelt prächtig – sie ist eine bessere Version des Eiffelturms. Alle 15 Minuten bebt der Boden des Wohnzimmers leicht, der D-Wagen fährt zu späterer Stunde nicht mehr so oft. Zwei Kunstwerke zieren die Wand. Ein knallbunter Buddha mit klarer Message: „Let that shit go". Und ein seltenes Exemplar von „Apocalypse Meow". Es handelt vom Weltuntergang New Yorks, die Szene zeigt Katzen mit Laserstrahlaugen, die gegen Einhörner kämpfen. Für dieses Meisterwerk wurde schon einiges geboten, der stolze Besitzer und Gastgeber würde es aber um keinen Preis verkaufen. Aus der Stereoanlage ertönt Kreiml & Samurai. Manch ein Gast würde lieber schon „Festl gestan" von den Vamummtn hören, dafür ist es aber noch zu früh.

„Ah, heut ist Donnerstag. Nix mit Loco." Ein Besuch der Kultdisco Loco ist nur Montag und Mittwoch lohnenswert. Ab 19 Uhr gibt es dort

Cocktails zum unschlagbaren Preis von 50 Cent – die ganze erste Stunde. Eigentlich fühlt man sich dafür schon zu reif, trotzdem wird gerade von den „guten alten Loco-Zeiten" des Studiumanfangs geschwärmt.

Die Gang ist endlich komplett, der Esszimmertisch wird für Rage Cage umgebaut. Bier Pong ist schon lange out. Die Stimmung ist feuchtfröhlich. Auf der Couch wird Gin Tonic geschlürft, statt Eiswürfeln schwimmen bunte gefrorene Früchte im Glas. Man beobachtet das Rage Cage-Spektakel oder philosophiert über Gott, die Welt und den Klimawandel.

Die Gruppe überlegt, ob es sich lohnt, noch einen „Gürtel-Ziaga" zu machen. Man könnte auch in der „Hood" bleiben und einen Abstecher ins „La Paz" machen – the place to be, wenn man sich die besten Mojitos Wiens gönnen möchte. Für das Wort Stammgast ist es noch zu früh, in letzter Zeit wurde man jedoch öfters dort gesichtet.

Aber eigentlich ist es gmiatlich da. Man entscheidet sich stattdessen dafür, das Licht abzudrehen, die Disco-Glühbirne zu aktivieren, die Anlage etwas lauter zu machen – nicht zu laut, weil die freundliche Nachbarin kein Problem mit Hauspartys hat, sie mag es nur nicht, wenn sie die Bässe auf ihrer Brust spürt – und zu shaken. Zu Avril Lavigne, Shakira, Wanda und – finally – den Vamummtn.

Die Vamummtn, über die man sich damals 2008 lächerlich gemacht hat, weil man sich der Krocha-Kultur nicht zugehörig gefühlt hat. Jetzt haben sie in dieser Gruppe Kultstatus erreicht. Da können die Backstreet Boys weit nicht mithalten.

Bei Rage Cage werden so einige „Hüsn weggschwoabt", man ist gut drauf, übertreibt es im Regelfall allerdings nicht. Mindestens eine Rangelei gehört auch zu solchen Abenden. Keine Sorge, das wird als Form von Zuneigung verstanden.

Zwischen 1 und 2 Uhr früh, wenn die Vorräte zur Neige gehen, geht es auf zur „Gerti". Das Beisl befindet sich so nah, dass nicht einmal ein Wegbier notwendig ist. Hier lässt man einen erfolgreichen Abend ausklingen und lernt oft neue Wiener Originale kennen.

Schön ist es, das Leben eines Gürteltiers.

# Angels

## Matrixe

Ja, ich meine genau dieses Lied und ja, ich entschuldige mich jetzt schon für meinen Musikgeschmack. Und ja, ist nur einer von vielen.

Ich gestehe, ich bin ein Fan von Robbie Williams. Meine Mutter auch. Ich mag ihn nicht, weil er so ein Bad Boy ist, sondern ... okay, ich mag ihn, weil er ein Bad Boy ist. Die Konzerte sind und waren immer ein Erlebnis. Wir sind im Rudel dort aufgetaucht, mit selbst gemachten T-Shirts, Kronen auf dem Kopf und leichtem bis hohem Alkoholspiegel. Wir konnten alle Texte. Wir waren immer perfekt vorbereitet.

Meine Mutter meinte: „Er ist wie du. Wenn es ihm gutgeht, dann ist er ein wirklich guter Unterhalter und nimmt Menschen mit auf seine Reisen, wenn er schlecht drauf ist, dann macht man besser einen großen Kreis um ihn, und ausgelassen hat er auch nichts." Den Vergleich mit gutem Musiker hat SIE ausgelassen, na ja, okay, das bin ich nun mal nicht. Also unterm Strich, er hat einen Vogel und ich auch. Damit konnte ich gut leben.

Ich war auf zahlreichen Konzerten von ihm (ich bin ihm sogar nachgereist). Die Stimmung, die Menschen, die Musik, das Tanzen, das Singen, ... einfach eine schöne Zeit. Meine Mutter und mich verband immer das Lied „Angels". Wir konnten es gemeinsam herzzerreißend singen. Bei jedem seiner Konzerte, wenn dieses Lied gespielt wurde, forderte er das Publikum auf, an einen verstorbenen Menschen zu denken. Und ich war jahrelang unglaublich glücklich, nicht traurig sein zu müssen und dieses Lied lauthals mitsingen zu dürfen mit Freude.

Ich war, wie gesagt, auf jedem Konzert in der „Nähe", bis auf das letzte Konzert am 26.8.2017 in Wien. An diesem Tag starb meine Mutter. Für mich unfassbar, dass es genau jener Tag war, an dem er das Prater-Stadion mit Engeln füllte und meine Mutter starb. Seither gehört „Angels" nur mehr ihr.

Seit ein paar Tagen spiele ich nun Gitarre und übe dieses Lied für sie und für mich. Mein Bruder, der seit vielen Jahren Gitarre spielt, und ich haben vor ein paar Tagen gemeinsam „Angels" gespielt – er in Frankfurt, ich in Wien. Es war wunderschön – etwas holprig, aber erkennbar.

Bei meinem Freitagabend-Mädelszoom hatte ich meinen ersten Auftritt. Einige von ihnen waren mit mir auf den Konzerten und einige von ihnen waren auch auf seinem letzten Konzert und schickten mir Videos und Bilder, nicht ahnend, dass ich damals gleichzeitig mit schrecklichen Dingen beschäftigt war. Ich wollte, dass sie den Abend genießen konnten, und schwieg über den Tod meiner Mutter. Es war ein Wechselbad der Gefühle: Freude und Trauer.

Vorgestern nahm ich meinen Mut zusammen, zückte die Gitarre und aus großem Gelächter über „WAAS? Du und eine GITARRE?" wurde ein gemeinsames „Angels"-Singen. Es war ein ganz großer, liebevoller und verbindender Augenblick und danach minutenlang Stille. Sentimentalität und Erinnerungen verpackt in Musik, welche auch immer. Jedem seine Musik, jedem seine Erinnerung, jedem sein Engel.

„And when love is dead, I'm loving angels instead …"

Listen to: „Angels", live von Robbie Williams.

# Durchgebissen

## Teresa Kaiser-Schaffer

Dass ich studieren wollte, war mir immer schon klar. Das was irgendwann kurz vor Semesterbeginn auch. Und Wien sollte es sein. Raus aus Salzburg und hinein in die Großstadt.

So träumte ich vom typischen Studentenleben mit Partys bis zum Umfallen und langem Ausschlafen. Ganz vielleicht hätte ich meinen Traum auch leben können, wäre meine Wahl nicht auf die Mathematik gefallen. Mir schmerzen heute noch die Augen, wenn ich daran denke, wie mir ebendiese fast herausgefallen sind, als ich beim Zusammenbasteln meines Stundenplans las, dass die Basisvorlesung schlechthin bereits um 7.55 Uhr startete – jeweils von Montag bis Donnerstag. „Vorlesung: Da musst du ja nicht hingehen", dachte ich noch, bis uns kurz nach Semesterbeginn von Höhersemestrigen zugeflüstert wurde, dass dieser Professor besonders scharf darauf war, die Gesichter seiner Studenten aus der Lehrveranstaltung zu kennen. Das entschied über Erfolg oder Misserfolg der abschließenden Prüfung. Also quälte ich mich allmorgendlich in den Hörsaal und stellte bald fest, dass der Professor bereits um 7.45 Uhr damit begann, seine überdimensionale Tafel mit irgendwelchen Formeln zu bekritzeln. Wie frisch geschlüpfte Küken ihrer Mama unreflektiert auf Schritt und Tritt folgen, hingen wir Studenten eben auch schon zu dieser Unzeit am Kreidestrich unseres Gurus und malten seine Hieroglyphen artig ab. Um Punkt 7.55 Uhr begann er jeweils wild gestikulierend sein Geschreibsel zu erläutern. Zu Beginn hätte das für mich auch eine Chinesisch-Vorlesung sein können – so viel verstand ich davon. Einzig die zwei Lieblingswörter der Mathematiker hatte ich bald herausgefiltert. Das eine Wort ist analog. Das ist ungefähr so, wie wenn du als Fußball-voll-Nackerpatzerl schon das Abseits nicht verstanden hast und dir dann der Checker möglichst noch mit abwertender Handbewegung mitteilt, dass die Abseitsregel beim Rugby eh analog, also irgendwie gleich, funktioniert. Gerne verwenden Mathematiker diesen Ausdruck, wenn sie für den zweiten Teil eines Beweises zu faul sind. Das zweite Wort, das sich ebenso bald als ein Hasswort für mich entpuppte, ist trivial. Damit beschreiben die Wissenschaftler oft die Vorgänge, zu deren Erläuterung sie sich der lächerlichen Einfachheit halber nicht herablassen. Für mich war jedoch zu der Anfangszeit dank der fordernden geistigen Höchstleistung nicht einmal mehr das Schreiben des Datums eine klare Sache, geschweige denn irgendein mathematischer Gedankengang machbar oder sogar trivial.

Keine Ahnung wie, aber irgendwie habe ich mich durchgeplagt. Ich hatte mir selbst nach dem ersten Semester ein – meiner damaligen Überzeugung nach – grenzgeniales Versprechen gegeben. Da ich nicht im Geringsten daran glaubte, die Prüfung der Grundvorlesung zu schaffen, wollte ich mir selbst die Erlaubnis zum Wechsel des Studienfaches geben, wenn ich die Prüfung nicht bestünde …

Seither weiß ich, wie sehr mich auch eine positive Note ärgern kann!

# Tu felix Austria …

## Christian Leimer

Gestern war es wieder mal so weit. Eine Therapiestunde mit mir selbst. Die Ängste wegen Covid-19 haben sich verflüchtigt und anderem Unmut Platz gemacht. Wir haben jetzt zwei Monate auf jeden Konsum verzichtet – ausgenommen Lebensmittel und ein paar Klorollen – und unsere Wirtschaft ist nahezu pleite. Nicht nur unsere. In anderen Ländern ist es weit schlimmer. Aber was sagt uns das? Brauchen wir im Grunde gar nicht so viel, wie wir immer meinen? Kann man nicht mit weit weniger viel glücklicher sein? Und warum sollen wir Menschen jetzt wieder mehr konsumieren? Etwa nur, damit es der Wirtschaft wieder gut geht? Aber das ist lange nicht alles, was derzeit fraglich erscheint.

Höchste Zeit für einen gedanklichen Besuch in der Berggasse 19. Vermummt in einer dicken Jacke legte ich mich auf die Terrasse. Am Vormittag war es noch schattig-frisch. In den Büschen herrschte reger Flugverkehr, Amseln stritten sich um eine Beute. Mein Kater beobachtete dieses Schauspiel gelangweilt, weil satt. Ein paar Milchtropfen glänzten noch in seinem Schnurrbart ...

Ich nippte am heißen Kaffee und schloss die Augen. Schlummernd hörte ich Annas Stimme. Mit verschmitztem Lächeln öffnete sie die Tür: „Kommen S' nur weiter, der Herr Doktor ist im Salon."

„... wir versuchen mit Unsummen eine Fluglinie zu retten, die ökonomisch betrachtet tot ist. Ein Unternehmen, das gar nicht mehr uns gehört. Wir geben hoch bezahlten Fußballprofis psychologische Unterstützung, damit sie sich im leeren Fußballstadion nicht fürchten. Unsere Politik verteilt die Milliarden wie Kugelschreiber vor einem Wahlsonntag. Jeder, der einen gesunden Arm zum Aufzeigen hat, bekommt Geld, das er nicht zurückzahlen muss. Bloß bei jenen, die es bitter notwendig brauchen, kommt es nicht an. Was meinen Sie dazu, Herr Doktor?"

Dr. Freud hustete unsichtbar hinter einer blauen Rauchwolke hervor und murmelte: „Tu felix Austria ..."

Womöglich hat er recht, sinnierte ich. Politiker erklären uns permanent, dass wir die schlimmste Katastrophe seit dem Zweiten Weltkrieg durchmachen. Doch ich mag und kann das nicht glauben.

Meine Großeltern haben diese „schlimmste Katastrophe" tatsächlich erlebt und durchlitten. Sie hatten damals nichts und bauten darauf eine neue Zukunft. Mit unerhört viel Mut, Zuversicht und harter Arbeit. Ein Geldregen erschien ihnen bestenfalls im Traum. Würde man ihnen heute erzählen, wie es bei uns zugeht, über was die Menschen jammern und klagen – unsere Großeltern würden nichts davon begreifen.

„Entschuldigung, Herr Doktor, was sagten Sie eben?" Dr. Freud zog an seiner Virginia, hustete erneut stark und meinte nur: „Tu felix Austria ..."

Ein unangenehmer Druck auf meinem Bauch holte mich jäh aus der Traumwelt. Der Kater saß frech auf mir und erklärte die Therapiestunde für beendet. Schade um diesen Traum! So gerne wollt' ich jetzt noch ein Stück weiter und eine liebe Freundin besuchen, die gleich ums Eck wohnt. Aber vielleicht klappt das ja beim nächsten Mal ...

# Reithof ade

## Karl Ebinger

Im 9. Wiener Gemeindebezirk Alsergrund in der Porzellangasse gab es zur Zeit der österreichischen Monarchie einen Reithof im Inneren eines Häuserkomplexes.

Der Reithof ist heute verschwunden. Es existiert jedoch noch ein Pavillon von damals und der Innenhof wird als Tennisanlage genützt.

Ich habe als Jugendlicher dort mit großer Begeisterung Tennis gespielt.

Knapp 50 Jahre später erfahre ich von einer lieben Bekannten, dass es diese Tennisanlage im Zentrum der Stadt noch gibt.

Mein Interesse ist geweckt, schöne Erinnerungen steigen in mir hoch.

Ich mache mich auf den Weg, die kleine Freizeitoase neu zu erkunden. Was ich dort vorfinde, berührt mein Herz.

Es ist noch alles wie damals.

Die Zeit scheint stehen geblieben zu sein in diesem von Laubbäumen umrankten Geviert.

Nur der Tennistrainer hat gewechselt.

Ich nehme mir vor, jene Bekannte, die mir den Tipp gegeben hat, zu einer Tennisrunde einzuladen.

Als Dankeschön für die nostalgischen Momente, die sich mit meiner Zukunft in ganz besonderer Weise verbinden.

**HANNES STEINER (Hrsg.)**

Hannes Steiner, geboren 1972 in Salzburg, war in seiner Jugend mehrfacher Landesmeister im Schwimmen und Mitglied der österreichischen Wasserballnationalmannschaft. Nach dem Studium – Recht und Betriebswirtschaft in Innsbruck – arbeitete er u. a. in der elterlichen Buchhandlung und gründete mit 29 Jahren den Ecowin Verlag.

Unter seiner Leitung wird der Verlag zwei Mal „Verlag des Jahres", mit der Veröffentlichung zahlreicher Nr. 1-Bestseller zählt er zu den erfolgreichsten unabhängigen Verlegern seiner Generation.

2018 gründet er gemeinsam mit Martin Blank aus Überzeugung www.story.one – Menschen & ihre Geschichten, Short-Storys – Storytelling auf einer Seite.

Er ist ein echter Story-Junkie und findet Menschen und ihre Geschichten einfach und immer wieder spannend.

Lebt mit seiner Familie in Wien.

schreib's auf
story.one

Wenn Menschen etwas zu erzählen haben,
dann schreiben sie ein Buch - auch heute, in der
digitalen Welt. Aber obwohl das so ist, gibt es
auf der ganzen Welt nur rund 1 Million lebende
Autor*innen, nur 0,013% der Weltbevölkerung.

**Das wollen wir ändern.**

Weil wir Bücher lieben, wollen wir, dass alle
Menschen Autor*in werden können, alle freien
Zugang zum Buchmarkt haben und jedes Talent
die Chance hat, entdeckt zu werden.

Und wir wollen, dass jede gute Geschichte
erzählt wird. Life is a story.